태조왕은 고조선의 옛 땅을 되찾기 위해
많은 노력을 기울였어요. 갈사부여를
정복하고 조나와 주나, 요동 지역 6개 현을
차지했지요. 고구려가 화려성을 무너뜨리고
현도까지 손에 넣자 한나라 황제는
두려움에 떨었어요. 한나라는 고구려를
치기 위해 온 힘을 쏟았지만
고구려군을 이길 수는 없었답니다.

추천 감수 박현숙(고대사)

고려대학교 사범대학 역사교육과를 졸업하고 동 대학원에서 문학박사 학위를 받았습니다. 현재 고려대학교 사범대학 역사교육과 교수로 재직 중이며, 백제 문화와 고대 인물사 등에 대한 활발한 연구를 계속하고 있습니다. 쓴 책으로 〈백제의 중앙과 지방〉, 〈한국사의 재조명〉 등이 있습니다.

추천 감수 정구복(고려사 · 조선사)

서울대학교 사범대학 역사교육과를 졸업하고 서강대학교에서 문학박사 학위를 받았습니다. 한국학중앙연구원 한국학대학원의 교수로 재직 중이며, 한국학중앙연구원 한국학대학원 원장을 역임하였습니다. 쓴 책으로 〈한국인의 역사 의식〉, 〈역주 삼국사기〉, 〈한국 중세 사학사 1, 2〉 등이 있습니다.

추천 감수 김한종(근현대사)

서울대학교 사범대학 역사교육과를 졸업하고 동 대학원에서 역사교육을 전공하여 문학박사 학위를 받았습니다. 현재 한국교원대학교 교수로 재직 중입니다. 쓴 책으로 〈역사 교육 과정과 교과서 연구〉, 〈역사 교육의 내용과 방법〉(공저), 〈한 · 중 · 일 3국의 근대사 인식과 역사 교육〉(공저), 〈역사 교육과 역사 인식〉(공저) 등이 있습니다.

고증 문중양(과학사)

서울대학교 계산통계학과를 졸업하고 동 대학원에서 이학박사 학위를 받았습니다. 쓴 책으로 〈우리 역사 과학 기행〉, 〈우리의 과학문화재〉(공저), 〈세종의 국가 경영〉(공저) 등이 있습니다.

고증 정연식(생활사 및 복식)

서울대학교 국사학과를 졸업하고 동 대학원에서 문학박사 학위를 받았습니다. 쓴 책으로 〈조선 시대 사람들은 어떻게 살았을까?〉(공저), 〈일상으로 본 조선 시대 이야기 1, 2〉 등이 있습니다.

글 박영규

1996년 밀리언셀러 〈한권으로 읽는 조선왕조실록〉을 출간한 이후 〈한권으로 읽는 고려왕조실록〉, 〈한권으로 읽는 백제왕조실록〉, 〈한권으로 읽는 신라왕조실록〉 등 '한권으로 읽는 역사 시리즈'를 펴내면서 쉽고 재미있는 역사책 읽기의 바람을 일으켰습니다. 그 외에도 〈교양으로 읽는 한국사〉 등의 많은 역사책을 썼습니다.

그림 김충권

홍익대학교 응용미술학과를 졸업하고 김충권일러스트레이션을 운영했습니다. 1984년 일러스트 부문과 디자인 부문에서 중앙광고대상을 수상했으며, 〈자연 농원 중국 고대과학전〉 일러스트, 에버랜드 〈공룡전〉 일러스트를 맡기도 했습니다. 그린 책으로 〈카네기〉, 〈레오나르도 다 빈치〉 등이 있습니다.

이미지 제공

연합포토, 중앙포토, 국립중앙박물관, 국립부여박물관, 국립경주박물관, 국립민속박물관, 유연태(사진작가), 허용선(사진작가)

광개토 대왕 이야기 한국사 05 고구려

태조왕, 고조선의 옛 땅을 되찾다

총기획 및 발행인 박연환
발행처 (주)한국헤르만헤세
출판등록 제17-354호
연구개발원 경기도 성남시 분당구 금곡동 444-148
대표전화 (031)715-7722
팩스 (031)786-1100
본사 서울시 송파구 석촌동 7-3
대표전화 (02)470-7722
팩스 (02)470-8338
고객문의 080-715-7722
편집 임미옥, 백영민, 윤현주, 지수진, 최영란
디자인 장월영, 주문배, 김덕준, 김지은

ⓒ Korea Hermannhesse

이 책의 표지는 일반 용지보다 1.5배 이상 고가의 고급 용지인 드라이보드지를 사용해 제작하였습니다. 표지를 드라이보드지로 제작하면 습기의 영향을 덜 받기 때문에 본문 용지가 잘 울지 않고, 모양이 뒤틀리지 않아 책을 오랫동안 보존할 수 있습니다.

이 책은 기존의 석유 잉크 대신 친환경 식물성 원료인 대두유 잉크를 사용하여 인쇄하였습니다. 대두유 잉크는 선진국에서 널리 사용하고 있는 고가의 대체 잉크로, 휘발성이 적어 인쇄 상태의 보존이 용이하고, 인체에 무해할 뿐만 아니라 눈에 부담을 주지 않는 자연스러운 색을 내는 특징이 있습니다.

태조왕, 고조선의 옛 땅을 되찾다

감수 박현숙 | 글 박영규 | 그림 김충권

한국헤르만헤세

많은 시련을 겪은 민중왕

조카 대신 왕이 된 해색주

호동 왕자가 세상을 떠나자, 첫째 왕비가 낳은 해우가 태자가 되었어요.

하지만 대무신왕이 세상을 떠났을 때 해우가 너무 어렸어요.

그래서 대무신왕의 동생 해색주가 해우 대신 왕위에 올랐어요.

그가 바로 고구려 제4대 민중왕이에요.

민중왕은 늘 해우를 눈엣가시처럼 여겼어요.

'저놈이 자라면 사람들이 나를 물러나라고 할 것이 아닌가?

차라리 저놈을 죽여 버리는 것이 좋겠어.'

마침 해우는 어머니마저 잃었기 때문에

그를 보호해 줄 사람이 없었어요.

민중왕은 이제나저제나 해우를 죽일 기회만 엿보고 있었어요.

하지만 나라에 큰 어려움이 닥쳐왔기 때문에

민중왕은 해우를 죽일 궁리만 하고 있을 수 없었어요.

"홍수가 나서 논밭이 모두 휩쓸려 가고 말았습니다.

백성들은 굶주린 채 이리저리 떠돌아다니고 있습니다."

"그렇다면 나라의 창고를 열어 굶주린 백성들을 구해야 하지 않겠는가?

백성들에게 곡식을 나누어 주어라."

하지만 어려움은 이것으로 끝나지 않았어요.
"겨울인데도 눈이 내리지 않아
물이 모두 말라 버렸습니다."
이번에는 겨울 가뭄이 들었어요.

저 놈을
없애야겠어.

7

민중왕은 계속되는 어려움에 한숨을 쉬며 하늘을 원망했어요.

"도대체 내가 무엇을 잘못했단 말인가?

하늘은 어찌하여 나에게 이런 시련을 주시는가?"

민중왕은 그만 병이 들고 말았어요.

하지만 민중왕은 병들어 누워 있으면서도 편히 쉴 수 없었어요.

가뭄에 시달리던 백성들이 고구려를 떠나 한나라로 갔기 때문이에요.

"잠지락부에 살던 백성들이 고구려를 등지고 말았구나.

목숨이 위태로워지니 백성들마저 나라를 버리는구나."

한나라로 간 백성들은 본디 낙랑 가까이에 살던 사람들로,

고구려의 백성이지만 한나라와도 가깝게 지내곤 했어요.

따라서 언제든지 고구려의 사정이 나빠지면 한나라로 갈 사람들이었어요.

하지만 병이 든 민중왕은 시련을 견뎌 낼 힘이 없었어요.

"본디 왕이 될 사람은 조카 해우였나 보다.

조카를 대신해 왕이 되고 나니 이런 어려움을 겪는 게 아닌가?

하늘이 이렇게 벌을 내리시는구나!"

민중왕은 시름시름 앓다가 왕이 된 지 5년 만에 세상을 떠나고 말았어요.

으~ 춥고 배고프다.

백성들의 원한을 산 모본왕

마침내 왕위에 오른 해우

민중왕이 어려움을 겪다가 일찍 세상을 떠나자,
대무신왕의 태자 해우가 왕이 되었어요.
그가 바로 고구려 제5대 모본왕이에요. 고구려에
홍수와 가뭄이 들어 민중왕은 불행한 죽음을
맞게 되었지만, 해우는 덕분에 목숨을 건질 수
있었답니다. 우여곡절 끝에 왕이 된 해우는
20세가 채 안 된 어린 나이였지만
열심히 나랏일을 돌보았어요.

왕권이
무시당하면
고구려가
위험해진다.

"지금은 고구려의 힘을 널리 떨칠 때다.
영토를 넓히는 일에 힘을 다하라."

모본왕은 한나라의 북평, 어양, 상곡, 태원에 군대를 보냈어요.

모본왕은 멈추지 않고 군사들을 보내 한나라를 공격했어요.

마침내 한나라 황제가 화해를 청하게 되었어요.

"두 나라가 백성을 돌보아야 할 때 전쟁을 계속하는 것은
좋지 않으니 그만 평화롭게 지냈으면 하오."

모본왕은 한나라 황제의 청을 받아들여 전쟁을 멈추었어요. 그로부터
꽤 오랫동안 고구려와 한나라 사이에는 평화가 지속되었답니다.

하지만 고구려는 몇 년에 걸쳐 자연재해를 겪었어요. 홍수가 나서
20개의 산이 무너지고, 서리와 우박이 내려 농사를 망치기도 했어요.

그러자 모본왕은 나라의 곡식 창고를 열어 백성들에게 나누어 주었어요.

하지만 자연재해는 계속되었고, 모본왕은 점점 사나워지기 시작했어요.

심지어 앉을 때는 사람을 깔고 앉으며, 누울 때는 사람을 베고 누웠어요.

사람이 조금만 움직여도 바로 죽였고,

바른 소리를 하는 신하에게는 활을 쏘아 댔어요.

신하들은 두려움에 떨었어요. 두로라는 신하도 그중 하나였지요.

어느 날, 두로는 적당한 기회가 오자 품속에서 칼을 꺼내 모본왕을 죽였어요.

고조선의 옛 땅을
되찾으려 한 태조왕

옛 땅을 되찾기 위해 50년을 준비하다

53년 11월에 모본왕이 신하 두로에게 죽임을 당하자,
왕위를 이은 사람은 7세의 어린 궁이었어요.
그가 바로 고구려 제6대 태조왕이에요.
태조왕은 너무 어렸기 때문에 어머니인 태후 해씨가
나랏일을 돌보았어요.
이 무렵 고구려에는 '고조선의 옛 땅을 되찾자.'라고
말하는 사람들이 많아졌어요.
태후 해씨는 이런 문제로 신하들과 의논했어요.
"이 나라가 앞으로 어떤 길을 가야 하는지,
자유롭게 말해 보시오."
"우리는 고조선을 이어받은 나라입니다.
한나라에 빼앗긴 땅을 되찾아야 합니다."
"그렇습니다. 일찍이 동명 성왕께서 비류국을 합치면서
다물도라 했던 것도 우리 조상들의 옛 땅을 되찾자는
뜻을 새기기 위해서였습니다."

동명 성왕은 고조선의 옛 땅을 되찾고자 하는 목표를 가지고 있었어요.

태후 해씨도 신하들의 말에 고개를 끄덕였어요.

"그렇다. 동명 성왕께서 나라를 세우실 때 백두산에 올라

수만 리 땅을 둘러보시며 다짐하셨던 일이다.

이제 그 꿈을 우리가 이루도록 하자.

자, 그럼 무엇부터 시작해야겠는가?"

신하들이 대답했어요.

"우리의 가장 큰 적은 한나라입니다.

한나라는 우리를 꺾기 위해 쳐들어온 적이 있습니다.

한나라의 침략을 막기 위해 성을 쌓아야 할 것입니다."

"옳은 말이다. 공격에 나서기 전에 방어를 튼튼히 해야겠지.

요서 지역에 성을 쌓는 일부터 시작하자."

55년 2월, 요서 지역에 10개 성을 쌓는 일이 시작되었어요.

옛 땅을 되찾기 위한 준비는 차근차근 이루어지고 있었어요.

"한나라를 이기려면 주변의 작은 적부터 무릎 꿇려야 합니다."

신하들이 이렇게 말하자 태후 해씨가 물었어요.

"주변의 작은 적이라면 부여를 말하는 것인가?"

"아닙니다. 부여는 큰 나라이므로 함부로 공격할 상대가 아닙니다."

"그렇습니다. 동쪽의 동옥저 같은 작은 나라를 말씀드린 것입니다."

"그대들 말이 맞네. 동옥저는 본디 우리와 비슷한 사람들 아니던가.

그 나라를 합치는 일은 어렵지 않을 걸세."

56년 7월, 동해 바닷가에 있던 고구려 군사들은 어렵지 않게

동옥저를 무너뜨리고 고구려에 합쳤어요.

고구려는 튼튼한 성을 쌓아 한나라의 침략에 대비했어요.

그러고 나서 주변의 작은 나라들을 정복해 한나라와의 한판 대결을

준비했답니다.

고구려 백성들은 요서 지역에 성을 쌓았고,

군사들도 열심히 훈련했어요.

고구려가 한나라와 큰 싸움을 벌이기 위해 준비하는 데 걸린 시간은

50년이나 되었어요.

이런 일을 용감하게 추진한 것으로 보아 태후 해씨는 아주 현명한

지도자였음을 알 수 있어요.

태조왕은 어머니를 이어받아 옛 땅을 찾기 위해 온 힘을 쏟았어요.

68년에 태조왕은 갈사부여의 왕에게 말했어요.

"갈사부여를 고구려에 합치는 것이 어떻겠소?"

이제 한나라와
싸울 준비가
다 되었다.

갈사부여는 부여의 왕자 하나가 부여에서 떨어져 나와 세운
나라였어요.
갈사부여의 왕은 대답했어요.
"고구려와 부여는 본디 한 뿌리라고 할 수 있습니다.
그러니 나라를 합치는 데 망설일 리가 있겠습니까?"
갈사부여의 왕은 고구려의 힘 앞에 무릎을 꿇었어요.
갈사부여를 손에 넣은 태조왕은 중국 대륙으로 눈길을 돌렸어요.
72년에 태조왕은 장군 달가를 불러 말했어요.
"달가 장군, 이제 남쪽으로 나아갈 때가 되었소.
장군은 지금 군사를 이끌고 나가 조나를 정복하시오."
조나는 갈사부여의 아래쪽에 있는 나라였어요.
달가는 조나의 왕을 사로잡아 어렵지 않게 조나를 차지했어요.
태조왕은 또 설유를 시켜 주나를 정복했지요.

고구려와 한나라의 치열한 전쟁

고구려가 세력을 키워 가자 부여는 불안해졌어요.

부여 왕은 고구려만 생각하면 잠을 편히 이룰 수 없었어요.

"고구려가 날로 힘이 강해지니 우리는 어찌해야 하겠는가?"

"고구려와 우리가 사이가 나빴지만,

두 나라는 본디 같은 조상에게서 나왔습니다.

우리가 먼저 손을 내밀면 고구려가 뿌리치지 않을 것입니다."

"그렇습니다. 고구려는 지금 한나라와 전쟁을 하려고 합니다.

그러니 우리를 적으로 두고 싶지는 않을 것입니다."

부여 왕은 신하들의 말에 따라 고구려에 화친을 맺자고 청했어요.

태조왕은 부여의 청을 받아들였지요.

"지금 우리가 부여보다 강하다고는 하나 부여는 만만한 상대가 아니다.

그러니 부여가 먼저 손을 내민 것은 우리에게 좋은 일이다."

두 두 두 두

이렇게 되자 고구려와 한나라가 천하를 놓고 겨루는 모양새가
되었어요.

한나라 황제는 점점 힘을 키워 가는 고구려가 눈엣가시였어요.

"고구려가 작은 나라들을 야금야금 삼키며 점점 우리에게 다가오고
있다. 이대로 가만히 둘 수만은 없지 않겠는가?"

분노에 찬 황제의 말에 신하들이 대답했어요.

"지금 고구려는 옛 땅을 되찾으려고 준비를 갖추었다고 합니다.
그들이 말하는 옛 땅이란 곧 우리나라 땅을 가리키니
어찌 그냥 두고 볼 수 있겠습니까?"

우리 한나라의
힘을 보여 주자!

와 와~

19

한나라 황제는 신하들에게 말했어요.

"고구려를 쳐부술 군사들을 당장 준비시키도록 하라."

고구려의 태조왕은 한나라의 움직임을 모두 꿰뚫어 보고 있었어요.

"바야흐로 한나라와 싸울 때가 왔다.

한나라의 요동 지역부터 공격하도록 하라."

105년 1월, 고구려 군사들은 무서운 기세로 요동으로 쳐들어갔어요.

"우리의 옛 땅을 되찾으러 왔다!"

고구려 군사들은 순식간에 요동의 6개 현을 차지했어요.

이 소식을 들은 한나라 황제는 화가 머리끝까지 치솟았어요.

"이놈들이 먼저 공격을 해 와? 지금 당장 요동 태수 경기에게 전하라.

군사를 이끌고 고구려군을 치라고 하라."

한나라 군대가 몰려오자 태조왕은 명령을 내렸어요.

"정면으로 맞붙지 마라. 한나라 군대는 이곳에 오래 머물 수 없을 거다.

그들이 물러나거든 다시 싸우도록 하라."

고구려 군대는 한나라 군대가 몰려오면 뒤로 빠지고

그들이 물러가면 다시 공격하기를 몇 번이나 되풀이했어요.

한나라 황제는 잔뜩 약이 올랐어요.

"이런 약아빠진 놈들! 요동에 군사를 더 보내 끝장을 내고야 말겠다."

태조왕은 무척 기뻐했어요.

"한나라 군대는 요동을 지키느라 정신이 없을 것이다.

자, 이제 수군은 바다를 통해서 공격하라."

고구려 군사들은 별로 힘을 들이지 않고 산둥 반도 부근을 차지했어요.

한나라 황제는 분해서 어쩔 줄을 몰랐어요.

"아차, 고구려 놈들에게 속았구나. 놈들이 노린 것은 바닷가였어.

요동의 병사들을 빼자니 요동이 위험하고, 어찌해야 좋단 말이냐?"

한나라 황제는 동에 번쩍, 서에 번쩍 나타나는 고구려 군대를

앞에 놓고 발을 동동 구를 수밖에 없었어요.

엎친 데 덮친 격으로 한나라 황실은 권력 다툼이 벌어졌어요.

107년부터 80년 동안 여러 곳에서 농민 반란이 일어났어요.

184년에는 노란 수건을 쓴 황건적이 크게 일어났지요.

이렇게 한나라가 혼란스러운 틈을 태조왕이 놓칠 리 없었지요.

"이제야말로 우리 조상들의 옛 땅을 찾으러 현도로 달려갈 때다."

118년, 고구려는 화려성을 무너뜨리고 현도에

발을 들였답니다.

고구려군이 현도에 이르자, 한나라 황제는 속이 타 들어갔어요.

"화려성이면 궁궐에서 그리 멀지 않은 곳이 아니냐?

어서 현도에 군사를 보내 고구려 군대를 무찌르도록 하라."

한나라에서는 유주 자사 풍환, 현도 태수 요광, 요동 태수 채풍 등이

군사를 모아 고구려에 맞섰어요.

하지만 한나라 황제는 가슴 아픈 소식을 들어야 했어요.

"폐하, 우리 군사 2,000여 명이 죽고, 채풍은 간신히 달아났다고 합니다."

"뭣이? 그 많은 우리 군사들이 고구려를 이길 수 없었단 말이냐?"

그 뒤에도 한나라 황제를 벌벌 떨게 하는 소식이 들려왔어요.

"광양, 어양, 우북평, 탁군에서도 우리가 졌다고 합니다."

한나라 황제는 자신의 목숨까지 위험하다고 느꼈어요.

"이대로 가다가는 고구려 놈들이 황궁에 쳐들어올 것이 아니냐?
저들을 막을 수 있는 방법이 없느냐?"
하지만 고구려군은 북방의 선비족과 마한, 예맥까지 끌어들여
공격해 왔기 때문에 한나라는 고구려군을 꺾을 방법이 없었어요.
북쪽 민족들이 하나로 뭉치자 한나라는 차츰 무너져 갔답니다.
태조왕은 공격의 고삐를 늦추지 않았어요.

**"이제 현도성을 우리 손에 넣을 때가 왔다.
현도성을 총공격하라."**

고구려 군대는 121년 12월에 현도성으로 쳐들어갔어요.
이곳을 차지하면 고조선의 옛 땅을 되찾는 것은 물론, 더욱
가까이에서 한나라를 칠 좋은 기회를 갖게 되는 거였어요.

25

"도저히 우리 힘으로 고구려를 당해 낼 수 없구나.

부여에 사신을 보내 도와 달라고 하라."

한나라의 사신이 오자, 부여 왕은 신하들을 모아 놓고 말했어요.

"한나라 황제가 도와 달라고 한다.

우리는 고구려와 화친을 맺었는데, 어찌해야 하겠느냐?"

"고구려가 한나라를 치기 전에는 우리를 공격하지 않았지만,

현도성을 차지하고 나면 분명 우리나라에 쳐들어오지 않겠습니까?

지금 한나라를 돕는 것이 우리 부여를 지키는 길입니다."

부여 왕은 지그시 눈을 감고 고개를 끄덕였어요.

"그렇겠지. 한나라가 버티고 있어야 한다.

그래야 고구려가 우리를 넘보지 못할 것이다."

그러고는 태자 위구태에게 명령했어요.

"군사 2만 명을 이끌고 고구려군의 뒤를 치도록 하라."

고구려 군대는 현도성 정복을 눈앞에 두고 부여군의 공격을

받게 되었어요.

"부여가 뒤통수를 칠 줄이야! 어쩔 수 없다.

현도성은 다음 기회에 되찾아야겠다."

현도성이 거의 손안에 들어왔기 때문에 태조왕은 아쉬움이 컸어요.

하지만 그 뒤로 고구려는 한나라의 기세를 꺾고

동아시아에서 가장 강한 나라로 우뚝 서게 되었답니다.

동아시아의 강대국, 고구려

고구려가 부여의 배반으로 현도성을 눈앞에 두고 물러났을 무렵,

태조왕은 병에 걸리고 말았어요.

한나라에는 태조왕이 세상을 떠난 것으로 알려졌어요.

"고구려 왕이 갑자기 죽어서 전쟁을 멈추었다고 합니다."

한나라 황제는 오래간만에 생기가 돌았어요.

"오라, 드디어 기회가 왔다.

지금 바로 고구려에 복수를 하는 것이 어떻겠는가?"

신하들도 덩달아 떠들었어요.

"그렇습니다, 폐하. 지금 고구려는 혼란스러울 것입니다.

이 틈에 고구려 놈들에게 뜨거운 맛을 보여 줘야 합니다."

"지금 쳐들어가지 않으면 고구려는 우리를 얕볼 것입니다."

하지만 진충이라는 신하는 다른 의견을
냈어요.
"비록 고구려가 우리를 괴롭혔지만,
적의 슬픔을 틈타서 공격하는 것은
옳지 못합니다. 오히려 사신을 보내
위로하면서 화친을 해야 할 것입니다."

진충의 말에
일리가 있다.

29

그러자 다른 신하들도 거들었어요.

"그렇습니다. 비록 고구려 왕이 죽었다고는 하나 그들의 군사가
약해졌다고는 할 수 없습니다. 우리가 저들의 공격을 막아 내기도
힘들었는데, 저들을 공격하는 것은 더욱 어려울 것입니다."

"옳은 말입니다. 오히려 벌집을 건드리는 꼴이 되지 않을까 걱정입니다."

신하들의 말을 듣고 있던 한나라 황제는 깊은 한숨을 쉬었어요.

이렇게 고구려라는 나라에 휘둘리고 있다는 사실이 한탄스러웠어요.

황제는 머리가 아픈 듯 한 손으로 이마를 짚고 말했어요.

"고구려가 도대체 언제 이렇게 강해졌단 말인가?

지금 우리가 정녕 고구려에 화친을 맺자고 해야 하는 것인가?"

황제의 깊은 탄식에 신하들도 고개를 숙였어요.

"지금 전쟁을 일으킨다면 백성들의 불만이 하늘을 찌를 것입니다.

화친을 맺어 나라를 안정시키는 것이 옳습니다.

고구려를 달래서 잡혀간 포로들이라도 돌려받는 것이 어떻겠습니까?"

한나라 황제는 고구려에 화친을 맺자며 사신을 보냈어요.

"우리 황제께서는 더 이상 싸움을 하지 않았으면 합니다.

또한 고구려에 있는 우리나라 사람들을 돌려주시기를 부탁드립니다.

그렇게 해 주시면 한 사람당 비단 48필을 바치겠습니다."

이는 한나라가 고구려 앞에 엎드려 비는 꼴이었어요.

태조왕은 신하들을 불러 모아 물었어요.

폐하, 화친을 맺기 원합니다.

"한나라가 화해를 맺자고 하니 어찌해야 하겠는가?"

신하들이 대답했어요.

"왕께서 편찮으시니 일단 전쟁을 멈추었으면 합니다."

"비록 옛 땅을 모두 되찾지는 못했지만, 많은 땅을 얻지 않았습니까?

그러니 화친을 맺어 나라 안을 돌보는 것도 좋을 듯합니다."

태조왕은 고개를 끄덕이며 입을 열었어요.

"병만 들지 않았어도 현도성을 되찾고 동명 성왕의 소원을 내 대에

이룰 수 있었건만 훗날을 기약할 수밖에 없다니, 정말 아쉽구나!"

신하들의 눈시울이 붉어졌어요.

"요서를 차지했으니 언제든지

우리는 한나라로 빠르게 공격해

들어갈 수 있을 것입니다."

내가 기력이 조금만
있었어도….

32

"이번에 한나라와 전쟁을 치르면서 선비족과 손을 잡았으니, 한나라는
우리 북쪽 민족들의 손아귀에 들어온 것이나 다름이 없습니다.
부여 또한 앞으로 더는 힘을 쓰지 못할 것입니다."
신하들의 말에 태조왕은 흐뭇한 표정을 지었어요.
"나중에 선조들을 만나도 부끄럽지는 않겠구나.
이제 우리가 천하의 주인인 만큼 한나라에도 너그러움을 보여 줘야겠다."
고구려는 한나라와 화친을 맺고 전쟁을 멈추었어요.
하지만 이것은 한나라가 고구려에 항복한 것이나 마찬가지였지요.
고구려를 강한 나라로 만든 태조왕은 무려 93년 동안이나 왕위에 있었어요.
그리고 165년, 100세가 훨씬 넘은 나이로 세상을 떠났어요.

고구려가 강한 비밀은 무엇일까?

중국 땅을 정복한 나라들은 수많은 군사들과 우수한 무기들을 갖고도 고구려를 쉽게 무너뜨리지 못했어요. 고구려가 그들보다 강했기 때문이에요. 고구려 사람들은 과학적으로 튼튼하게 성을 쌓는 기술을 갖고 있었고, 또 어려서부터 무예 실력을 닦았거든요.

❀ 고구려 사람들은 왜 활을 잘 쏘았을까?

고구려 사람들은 예로부터 사냥을 즐겼어요. 산이 많은 고구려에서는 사냥이 먹을거리를 얻는 중요한 수단이었거든요. 또한 말을 타고 활을 잘 쏘면 적과 싸울 때 유리했어요.

이처럼 사냥 기술이 나라의 힘을 키우는 밑바탕이 되었기 때문에 해마다 3월 3일에 사냥 대회를 열었어요.

대회에서 우승하는 사람은 장군이 되기도 했어요. 그래서 고구려의 소년들은 훌륭한 무사가 되기를 꿈꾸며 어린 시절부터 말 타고 활 쏘는 것을 열심히 했어요.

집 한쪽 마당에 활터를 두고 활 쏘는 연습을 할 정도였지요.

평소에 사냥 기술을 갈고닦은 소년들은 고구려의 강한 군사가 되었답니다.

▲ 무예에 능했던 고구려인의 씩씩한 기상을 그린 수렵도

▲ 덕흥리 무덤 벽화의 기마 궁술 대회 장면

❀ 고구려 사람들은 어떻게 성을 쌓았을까?

고구려 군대는 산성을 이용한 싸움을 벌여 적의 공격을 막아 낸 것으로 유명해요. 이를 '산성 전투'라고 해요. 적이 쳐들어오면 들판에 있는 곡식을 남김없이 불태우고 모든 백성과 군사들이 성안으로 들어갔어요. 그다음 적의 공격을 막으며 적이 지칠 때까지 기다렸지요. '산성 전투'를 하여 적을 이길 수 있었던 것은 백성들이 발 벗고 나서서 쌓은 튼튼한 성 덕분이에요. 고구려 사람들은 성을 쌓을 때 자신들만의 비법으로 성을 단단하게 만들었어요. 자, 그 비밀 속으로 들어가 볼까요?

치
성벽 군데군데에 툭 튀어나온 부분을 말해요.
치를 만들면 삼면에서 적을 공격할 수 있어요.

옹성
성문 주변에 둥글게 쌓은 작은 성이에요.
공격하는 적으로부터 성문을 보호하기 위해 만들었어요.

쐐기꼴 돌과 마름모꼴 돌
성벽 바깥쪽 돌은 쐐기꼴로, 안쪽 돌은 마
름모꼴로 만들었어요. 앞 돌이 빠져도 뒤
돌은 무너지지 않았어요.

들여쌓기
아래쪽보다 위쪽을 들여쌓아 돌의 무게를
잘 견딜 수 있도록 만들었어요. 성을 높이
쌓아도 무너지지 않았지요.

육합 쌓기
한 개의 돌을 여섯 개의 돌이 감싸도록 쌓
았어요. 서로 단단하게 맞물려 돌이 한 개
깨져도 무너지지 않았지요.

고구려 사람들은 벽화에 무엇을 그렸을까?

고구려 사람들은 무덤 안에 그림을 그려 넣었어요. 이것을 고분 벽화라고 해요. 고구려 사람들은 무덤 벽화에 생활 풍속, 장식 무늬, 그리고 사신 그림을 주로 그렸어요. 살아 있을 때 누리던 화려한 생활 모습이나 특별히 기념할 만한 장면을 되살려 놓았지요.

❀ 사신도란 무엇일까?

고구려에서는 무덤을 죽은 사람의 영혼이 머무르는 곳이라고 여겼어요. 그래서 무덤 속에 머무르는 영혼을 지켜 주기 위해 청룡, 백호, 주작, 현무 등의 수호신을 그려 넣었답니다. 이것을 '사신도' 라고 해요. 사신도는 사람이 죽으면 끝이 아니라 새로운 삶을 산다는 고구려인의 생각을 알려 주지요. 그래서 고구려 사람들은 전쟁에서도 죽음을 두려워하지 않고 적과 맞서 용감하게 싸웠던 거예요.

▲ 동쪽을 지키는 청룡

주작은 봉황,
현무는 거북과
뱀을 말해.

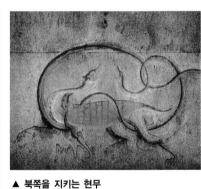

▲ 북쪽을 지키는 현무

▲ 남쪽을 지키는 주작

▲ 서쪽을 지키는 백호

한눈에 보는 연표

우리나라 역사　　**세계 역사**

고구려의 성장

태조왕은 주나, 조나 등의 주변 소국을 합한 다음 동옥저까지 평정했어요. 그 후 동아시아의 강대국으로 우뚝 서게 되었어요.

> 태조왕은 동옥저를 정벌하여 땅을 넓혔어요.

40

민중왕 즉위 ➡ 44
모본왕 즉위 ➡ 48
태조왕 즉위 ➡ 53
54 ⬅ 로마 제5대 황제 네로 즉위

고구려 태조왕, ➡ 56
동옥저를 망하게 함

64 ⬅ 네로, 로마를 불태움
79 ⬅ 베수비오 화산 분화, 폼페이 파묻힘

80 ⬅ 로마, 콜로세움 완성

백제, 신라 변경 공격 ➡ 85
가야, 신라 남쪽 공격 ➡ 96

▲ 콜로세움

▲ 가야의 오리 모양 토기

100

고구려 태조왕, ➡ 105 ⬅ 채륜, 종이 발명
한나라 요동 공격

118 ⬅ 선비족, 후한 침입

120

고구려, 선비족과 함께 요동 공격, ➡ 121
숙신에서 공물 바침

132 ⬅ 후한, 흉노 격파

네로 황제

네로는 잔인하고 포악한 성격으로 의붓동생과 어머니 등을 죽이고 크리스트교도를 마구 죽이는 악행을 저질렀어요.

> 네로는 로마 시를 불태우고 크리스트교도에게 뒤집어씌웠대.